VOYAGE

DE

SON ALTESSE ROYALE

LE PRINCE FERDINAND

EN EUROPE

CONSTANTINOPLE

J. PALLAMARY, Éditeur,   II   Grande Rue de Péra, 403

1896

S. A. R. FERDINAND Ier

PRINCE DE BULGARIE.

LE PRINCE FERDINAND Ier

DE BULGARIE

EN EUROPE

Imp. J. Fallaniary, Péra, 403.

A SON ALTESSE ROYALE

FERDINAND IER

PRINCE DE BULGARIE

En souvenir de son passage à Constantinople,
Et comme hommage de profond respect,
Ces quelques pages sont dédiées.

RÉGIS DELBEUF
Rédacteur en chef du *Stamboul*

Constantinople, 1er Juin 1896.

Son Altesse Royale

Le Prince FERDINAND

Le Prince Ferdinand (Maximilien-Charles-Léopold-Marie)
naquit à Vienne, le 26 février 1861. Il était le dernier fils du prince
Auguste de Saxe-Cobourg-Gotha et de la princesse Clémentine
d'Orléans, fille du roi Louis-Philippe.

Il fut l'objet d'une affection et d'une sollicitude particulières
de la part de ses parents, surtout de sa mère, la plus belle intelli-
gence de cette famille d'Orléans, si remarquable à tant de titres.
Elève de Michelet, Celle-ci avait appris que la meilleure école pour
former un futur prince était encore l'école de la vie et le spectacle
de l'humanité. De bonne heure, le jeune Prince voyagea.

C'est au cours d'un de ses voyages en Orient, qu'il visita pour
la première fois la Bulgarie, ce nouvel Etat si attirant qui venait
de donner des preuves éclatantes de sa vitalité Il vit Sofia, et le
pays tout entier, qui l'intéressa vivement; il connut les hommes
d'Etat bulgares qu'il séduisit par son caractère et la variété de ses
connaissances. C'est ce qui explique comment, après l'abdication
du Prince Alexandre, ce fut le fils de la Princesse Clémentine,
alors lieutenant-colonel dans l'armée autrichienne, qui fut appelé à
devenir Prince de Bulgarie.

Au point de vue physique, le Prince est le vivant portrait de
son oncle le duc de Nemours. De toute sa physionomie se dégage

l'expression frappante de la famille d'Orléans. Il suffit de le voir pour reconnaître le petit-fils du roi Louis-Philippe, et le neveu des ducs de Nemours ou d'Aumale. L'origine est noble entre toutes. Par sa mère il est apparenté à la plupart des familles royales d'Europe. Outre sa cousine, la reine Amélie, qui est sur le trône de Portugal, citons ses autres cousins et cousines des familles royales de Belgique, de Danemark, d'Italie. Du côté paternel, on compte également des rois. Un frère de son père était ce roi Ferdinand, dont nous avons trouvé le souvenir encore si vivant à Lisbonne ; qui fut père de deux rois et grand'père du roi actuel de Portugal, et qui refusa pour lui-même la couronne d'Espagne. Le Prince Ferdinand a de qui tenir.

Son avènement date de 1887. Ce n'est pas ici que nous pouvons avoir la prétention d'écrire l'histoire de dix années fertiles en événements. Cette histoire n'est pas encore faite. Mais on la fera, car elle est belle. Nous voulons simplement préparer des matériaux à l'historien futur, en fixant le souvenir d'une voyage qui marque le point de départ d'une ère nouvelle pour Son Altesse Royale le Prince Ferdinand et pour la Bulgarie.

Nous avons pu joindre à cette brochure quatre portraits gravés par un maître, M. A. Napier, Professeur à l'Ecole Impériale des Beaux-Arts, un artiste français de haute valeur, plusieurs fois récompensé aux salons de Paris, et dont l'*Univers illustré* publia tant d'œuvres remarquables. Ç'a été une bonne fortune pour nous de donner ainsi une impression d'art à ces quelques pages hâtives.

S. A. R.
LA PRINCESSE CLÉMENTINE

Son Altesse Royale

La Princesse CLÉMENTINE

Mademoiselle de Beaujolais, la sœur des ducs d'Orléans, de
Nemours, de Joinville, d'Aumale et de Montpensier, fut la gaîté
et le charme de la cour du roi Louis-Philippe, dont elle était la
dernière fille. Sa sœur aînée, la Princesse Louise, était mariée au
roi de Belgique. La Princesse Clémentine épousa, au château des
Tuileries, le Prince Auguste de Saxe, frère du roi Ferdinand de
Portugal et neveu du roi Léopold. Tous ses enfants ont contracté
de brillantes alliances. Le Prince Ferdinand-Philippe, l'aîné, épousa
la Princesse Louise de Belgique ; le Prince Auguste, mari de la
Princesse Léopoldine de Brésil, fut amiral de la flotte brésilienne ;
la Princesse Clotilde est mariée au prince Joseph, Archiduc d'Au-
triche, et la Princesse Amélie, à Maximilien, duc de Bavière. La
Princesse Clémentine est heureuse dans ses enfants. Mais c'est
le plus jeune, le Prince Ferdinand, qui lui a donné ses plus grandes joies.

Au Palais de Sophia, comme dans celui des Cobourg, à
Vienne, et au château d'Ebenthal, Elle est restée la conseillère
intime, toujours écoutée, de ce fils aimé entre tous. Son âme
vibrante et fière se plaît à retrouver en lui sa propre vaillance.

A la tête de toutes les œuvres de bienfaisance, la Princesse
Clémentine prodigue ses largesses. Aussi est-elle entourée de
respect et d'affection, dans cette ville de Sophia qui est devenue
pour Elle une seconde patrie.

Son Altesse Royale

La Princesse MARIE-LOUISE

Le petit-fils du roi Louis-Philippe a épousé l'aînée des arrière-petites-filles du roi Charles X. C'est la première fois, croyons-nous, qu'on a vu les deux branches du lys de France se rapprocher ainsi et se fondre en un seul rameau.

La Princesse Marie-Louise est née à Rome, le 17 janvier 1870. Elle est la fille aînée de S.A.R. le duc Robert de Bourbon, infant d'Espagne, duc de Parme, et de sa première femme, la duchesse Marie-Pie des Grâces, fille de Ferdinand II de Bourbon, roi des Deux-Siciles. Par son père et par sa mère, elle appartient donc à la famille des Bourbons. C'est le 12 Février 1893 que le Prince Ferdinand se fiança, à Florence, à la jeune Princesse. Il l'épousa le 20 Avril suivant, à Pianora, près de Pise. Il reçut à cette occasion les félicitations les plus sympathiques de S. M. I. le Sultan.

Il rentra en Bulgarie par Corinthe et par Salonique ; il n'alla pas à Athènes, mais, malgré son incognito, il fut accueilli en Grèce avec les marques de la plus haute distinction. Le 14 mai, avec sa jeune femme, radieuse de bonheur et de grâce, il fit son entrée à Sophia, au milieu d'un enthousiasme indescriptible, recevant partout des témoignages d'une popularité qui ne s'est jamais démentie.

S. A. R. MARIE-LOUISE

PRINCESSE DE BULGARIE

Plus que personne la Princesse eût été heureuse de partager les joies de son époux, en ce voyage triomphal. Ce dont on peut être sûr c'est que les applaudissements qui saluent le passage du Prince vont droit à son cœur. De son côté, lorsque le Prince a voulu offrir à Sa Majesté Impériale le Sultan le souvenir le plus cher, il lui a offert les portraits de sa femme et de son fils, c'est-à-dire l'image des deux affections qu'il ne saurait séparer.

Son Alt. Royale

LE PRINCE BORIS

Né à Sophia, le 18/30 janvier 1894, le jeune Prince, reçut le titre de Prince de Tirnovo. Il eut pour parrains, le 4 février, Leurs Altesses Royales, Mᵍʳ le duc Robert de Parme et la Princesse Clémentine, ses deux grands parents.

Il reçut le nom de Boris. On sait que ce nom prédestiné évoque le souvenir d'un règne glorieux dans les annales bulgares. Une muse enthousiaste célébra ainsi cet heureux événement :

B ulgarie, à dater de ce jour, plus d'alarme ;
O n t'apporte la paix, et Dieu comble tes vœux.
R oyal enfant, grandis ; ton nom seul et ton charme
I nvitent à t'aimer un peuple valeureux,
S i fier de l'Héritier des Cobourg et des Parme.

Les deux anniversaires de sa naissance ont été également brillants à Sophia. Afin de marquer la date du premier, le 1er février 1895, on donna son nom au grand Jardin-Public, situé à l'entrée de la ville, sur la chaussée de Constantinople. Le *Jardin Boris* exécuté sous les auspices de S.A.R. la Princesse Clémentine, en 1890, est l'œuvre d'un Français, M. Martinet, architecte paysagiste de grand talent, qui a aussi tracé, en 1892, les gracieux jardins de l'Exposition de Philippopoli.

La confirmation du Prince dans la religion orthodoxe, célébrée le 2 février 1896, est devenue un événement politique européen. Les fêtes inoubliables dont elle a été l'occasion ont eu un tel retentissement que le fils du Prince Ferdinand est connu dans toute l'Europe aussi bien qu'en Bulgarie. Celui qu'on a appelé justement «le jeune Prince le plus célèbre du monde», est aujourd'hui un superbe enfant de deux ans qui ne semble pas se douter du bruit fait autour de son nom.

Il a un frère, le Prince Cyrille, né également à Sophia le 17 novembre dernier, le jour anniversaire de la victoire de Slivnitza, date à jamais immortelle dans l'histoire de la jeune Bulgarie.

S. A. R. BORIS

PRINCE HÉRITIER DE BULGARIE.

LE VOYAGE A CONSTANTINOPLE

DÉPART — ESCORTE

C'est le jeudi matin, 14/26 mars 1896, à minuit 20, que Son Altesse Royale le Prince Ferdinand quitta la gare de Sophia, par train spécial, se rendant à Constantinople sur l'invitation de Sa Majesté Impériale le Sultan Abd-ul-Hamid.

Il était accompagné de LL. EE. le Dr Stoïlow, Président du Conseil (1), le colonel Pétrow, aide-de-camp honoraire, ministre de la guerre, Niazi Bey, gérant le Commissariat Impérial Ottoman, Hafouz Relal Effendi, mufti de Sophia.

(1) LE Dr STOÏLOW, quoique très jeune encore, (né en 1850, il n'a guère que 45 ans), est sans contredit l'homme d'Etat le plus expérimenté de la Bulgarie.— N'oublions pas qu'en 1885 le plus âgé des officiers bulgares n'avait pas 35 ans, et que Nikoforof, le ministre de la guerre n'en avait pas même trente.— M. Stoïlow fit ses études à Philippopoli. Il les compléta à Heidelberg et à Paris. Depuis son retour en Bulgarie, vers 1877, il n'a cessé d'être au premier rang. Secrétaire intime du Prince Alexandre, dès son avènement, c'est lui qui, avec le parti conservateur russophile, lui conseilla la politique qui prévalut durant les premières années. C'est lui qui prépara la visite de 1883 à S. M. I. le Sultan et qui conclut le *Pacte de Septembre*. Entré au pouvoir en 1881, il donna sa démission en décembre 1883, du temps de Stamboulow, il resta éloigné des affaires jusqu'à la chute de l'homme dont il avait été d'abord le collaborateur, mais dont les idées s'étaient peu à peu éloignées des siennes. Pendant plus de cinq ans, il s'enferma volontairement dans une retraite absolue. C'est alors que ses opinions mûries par une première expérience, développées par une longue étude de la politique contemporaine, inspirées surtout par une connaissance approfondie des intérêts bulgares, s'affermirent et prirent corps dans son esprit. Il n'attendait que le jour où, rappelé au pouvoir par la double confiance du Prince et de la nation, il lui serait permis de les appliquer. Son retour était attendu de tout le

Sa suite comprenait : Le lieutenant-colonel Stoyanow, premier aide-de-camp ; le lieutenant-colonel Markow, aide-de-camp, commandant la garde ; le major Bernew, officier d'ordonnance ; le capitaine A. Stoyanow, aide-de-camp ; M. Dobrovitch, chef de la chancellerie du cabinet politique ; M. le Dr Leverkühn, Directeur des institutions scientifiques ; M. Martin-Furth, secrétaire particulier ; M. le Dr S. Ludwig, médecin particulier ; M. E. Pfannenstiel, attaché du cabinet.

Tous ces hauts dignitaires devaient être, pendant la durée du voyage, les hôtes de S. M. I. le Sultan.

EN ROUTE

Dès la première halte en pays ottoman commencèrent, en l'honneur de Son Altesse Royale, les manifestations qui devaient faire de ce voyage une série d'ovations ininterrompues.

La station frontière est à Djessi Moustapha Pacha. L'arrêt devait être très court. Cependant deux détachements d'infanterie attendaient. Le général Akif pacha, assisté du gouverneur civil, vint saluer le Prince Ferdinand,

A sept heures et demie du matin, le train entrait en gare d'Andrinople, S. E. Zihni Pacha, chef de la mission, accompagné du général Ahmed Ali Pacha, aide-de-camp du Sultan, monta dans le wagon du Prince, et, au nom de Sa Majesté Impériale,

monde, non seulement en Bulgarie, mais dans l'Europe entière. Dès 1893, on lisait dans l'*Europe politique* de M. Sentupéry : « Le Dr Stoïlow est un véritable homme d'Etat : il se trouvera appelé un jour ou l'autre à prendre la direction des affaires.» Ce jour vint le 1er juin 1894. Démissionnaire pendant quelques jours, en décembre de la même année, M. Stoïlow reprit aussitôt la présidence d'un nouveau cabinet et ne l'a pas quittée depuis lors. C'est sa politique qui triomphe et qui a provoqué les heureux événements d'aujourd'hui. Si quelqu'un avait sa place marquée auprès de S.A.R. le Prince Ferdinand, à Constantinople, c'était bien lui,

lui souhaita la bienvenue. Quatre aides-de-camp, Riza Bey, Timour Bey, Mehmed Ali Bey et Télat Bey, ainsi que six soldats de l'escorte de la mission, se trouvaient alignés devant la voiture princière.

Son Altesse Royale, après avoir remercié Zihni Pacha du chaleureux accueil qu'Elle recevait, mit pied à terre et entra dans le salon de la gare, qui était brillamment décoré. Là se trouvaient, en grand uniforme, le maréchal Mahmoud Hamdi Pacha, commandant en chef du 2ᵉ corps d'armée, assisté de plusieurs généraux, et S. E. Arif Pacha, vali d'Andrinople. Après de courtes présentations, le prince remonta en wagon, et le train se remit en marche pour Constantinople,

ARRIVÉE A CONSTANTINOPLE

Le train était annoncé pour 3 h. 40. Dès une heure de l'après-midi, les rues et la place qui environnent la gare étaient envahies. Une foule bruyante, où la couleur des fez jetait sa note claire, attendait l'arrivée de l'hôte du Sultan. On n'avait jamais vu pareille affluence à Constantinople,

Vainement, deux détachements d'infanterie, un escadron de lanciers, des escouades de gendarmes, d'agents municipaux et de police, avaient formé la haie. Malgré toutes les dispositions, le quai lui-même avait été pris d'assaut par les curieux. C'est à grand' peine que l'inspecteur général et le directeur de la police de Stamboul, l'Inspecteur de la gendarmerie et le commissaire de police de Sirkedji, parvinrent à assigner des places et à éviter un trop grand encombrement.

Le salon de réception de la gare avait été orné par les soins du maître artiste en décoration, M. Robert Lévy. La lourde portière, en une riche étoffe de soie rouge, portait imprimé le croissant;

les canapés, les fauteuils étaient recouverts de magnifiques pièces
brodées; au milieu de la salle, une table Louis XV supportait une
pyramide de fleurs. Le sol disparaissait sous de somptueux tapis
de Perse. De leur côté, M. Goldstucker, ingénieur en chef de la
Compagnie des chemins de fer Orientaux, et M. Friedrich, inspecteur général de la ligne d'exploitation, avaient réuni leurs efforts
dans une coquette et harmonieuse décoration des abords du salon.
Tandis que MM. S. Constantinovitch, 1er secrétaire, V. Porcello
et Kérim, du personnel l'Agence princière, s'étaient chargés du
service d'ordre, ce qui n'était pas une mince affaire dans ce dé-
bordement de cohue.

Les envoyés de Sa Majesté, LL. EE. le maréchal Chakir
pacha, chef de l'état-major de la maison militaire du Sultan,
Memdouh pacha, ministre de l'intérieur, Redvan pacha, préfet de
la Ville, Nazim pacha, ministre de la police, et le général de
brigade Vehbi pacha, aide-de-camp, attendaient au salon. M.
Grueff, adjoint de M. Radoslavoff, préfet de Sophia, arrivé le
matin même par le train conventionnel, l'archimandrite Néophyte
et Mgr Maxime, délégué de l'Exarque, tous revêtus de leurs
insignes et décorations, étaient là. On remarquait également Yahia
Nafiz effendi, député au Sobranié, les notables bulgares avec leurs
femmes, les élèves bulgares des Dames de Sion, ceux de l'école de
Scutari et de Robert College. Les gardes du corps bulgares au
service de Son Altesse Royale, en leurs costumes nationaux,
s'étaient rangés devant le salon. Une place y était réservée aux
représentants de la presse de Constantinople et aux correspondants
des journaux étrangers.

L'exactitude est demeurée la politesse des princes, même en
chemin de fer. A l'heure dite, le train entrait en gare, au milieu
des acclamations.

S. E. Zihni pacha quitta immédiatement sa voiture ; accompagné de S. E. Ibrahim bey, maître des cérémonies, il monta dans le wagon du Prince et fit les présentations. A ce moment arriva S.E. Chakir pacha, envoyé spécial du Souverain, qui, après avoir été présenté au Prince, lui transmit les salutations de Sa Majesté Impériale. Hilmi bey, maître des cérémonies à la S. Porte, remplit les mêmes offices auprès des personnages formant la suite de Son Altesse Royale. Cinq minutes après, Monseigneur mettait pied à terre.

LL. EE. Memdouh pacha, ministre de l'intérieur, Redvan pacha, préfet de la Ville, et Nazim pacha, ministre de la police, le reçurent sur le perron. Il portait le grand uniforme de général bulgare et était coiffé du *calpak* blanc surmonté de la double aigrette blanche. Parmi ses décorations, on remarquait le grand cordon de l'*Osmanié* avec plaque en brillants. Sa belle figure, sa haute taille et sa tenue martiale gagnèrent d'abord tous les cœurs. A ce moment-là, on vendait dans la rue le numéro du *Stamboul* qui venait de paraitre et qui publiait, en première page, en tête de ses colonnes un joli portrait du Prince. La ressemblance était si frappante que le journal français fit bientôt prime.

Son Altesse s'étant avancée, ce fut à qui lui offrirait des fleurs, cravatées de rubans aux couleurs bulgares, qui sont le blanc, le vert et le rouge. Après Mme Dimitrow, qui s'avança la première, vinrent Mlle Dimitrow, au nom de ses camarades de l'école de Scutari, Mlle Mara Constantinovitch, fille du 1er secrétaire, au nom de ses camarades du pensionnat de Sion ; puis Mme Kérim, femme du 2me drogman de l'Agence, Mlle Mintchew, pour la colonie bulgare ; un élève de Robert College, au nom de ses camarades, et enfin divers membres de la colonie bulgare. Inutile de dire que chaque bouquet était accompagné d'un petit compliment. Monseigneur daigna les écouter tous. Il eut un mot aimable et un sourire pour chacun.

Les discours terminés, il monta dans une superbe voiture de la Cour, attelée de quatre chevaux, ayant à ses côtés S. E. Zihni pacha et en face de lui S. E. Ibrahim bey. Le général de brigade Vehbi pacha, les majors Riza bey et Timour bey, Mehmet Ali bey et Telat bey, aides-de-camp, chevauchaient aux portières, tandis qu'un détachement de lanciers formait l'escorte d'honneur. Dans une autre voiture étaient assis M. Stoïlow, LL. EE. le maréchal Chakir Pacha et le général Ahmed Ali pacha. Venaient ensuite les voitures du colonel Petrow, ministre de la guerre, de M. Dimitrow et des personnages de la suite de Son Altesse Royale.

Telle fut l'arrivée du Prince Ferdinand, à Constantinople, le 14/26 Mars 1896. Il faut remonter au voyage de l'Empereur Guillaume pour retrouver le souvenir d'un accueil comparable à celui-là.

Dans toutes les rues était massée une foule énorme ; les balcons, les fenêtres, les terrasses étaient garnis de spectateurs. Sous un soleil radieux, et dans ce cadre féérique de Stamboul, le tableau était vraiment merveilleux.

A Yildiz

Le cortège s'avança, précédé d'un escadron de lanciers, par Baghtché-Capou, Yéni-Djami, le pont de Carakeuy, Galata, Top-Hané, Béchiktache, jusqu'à Yildiz.

L'arrivée du Prince fut saluée par un bataillon de la garde impériale aligné des deux côtés de l'issue principale. Son Altesse Royale fut reçue dans la cour par plusieurs aides-de-camp et conduite immédiatement au kiosque «Merassim». Sur l'escalier d'honneur, avaient pris position S. A. Halil Rifat pacha, grand vézir, et S. E. Tevfik pacha, ministre des affaires étrangères, en grande tenue, qui l'introduisirent dans la salle d'audience auprès de S. M. I. le Sultan.

Sa Majesté fit un accueil on ne peut plus sympathique au Prince Ferdinand, qui La remercia pour les nombreuses marques de bienveillance qu'Elle avait daigné lui témoigner. Puis celui-ci présenta à Sa Majesté les fonctionnaires bulgares de sa suite, qui furent également l'objet de toutes sortes d'attentions.

Cette première audience dura trois quarts d'heure. Sa Majesté Impériale le Sultan avait aussitôt conféré à Son hôte l'ordre de l'*Imtiaz* en brillants, la plus haute distinction qui puisse être accordée à un souverain, et dont les insignes furent remis au Prince, le soir même, par une délégation spéciale ayant à sa tête un fils de Sa Majesté.

A 6 heures, le Prince quitta le Palais de Yildiz avec le même cérémonial qu'à l'arrivée, et se rendit à Courou-Tchesmé, au yali impérial qui devait lui servir de résidence pendant toute la durée de son voyage.

Le palais de Courou-Tchesmé

On l'appelle aussi Palais de Defterdar-Bournou ou Sénihé Sultane; mais Son Altesse Royale s'en tint au simple nom de l'échelle voisine sur le Bosphore. C'est ainsi que nous appellerons aussi le Palais de *Courou-Tchesmé*.

C'est, par-delà Dolma-Baghtché : un des plus beaux sites qui se puissent rêver, sur la côte d'Europe; assez loin de Péra pour avoir l'aspect du Bosphore, pas assez loin pour perdre de vue les lointains de la Marmara et les couchers du soleil phosphorescents sur le panorama de Scutari, avec tout au fond, là-haut, les sommets du Boulgourlou.

Il y a peut-être des paysages aussi beaux; il n'y en a pas de plus séduisants pour un artiste. C'est celui que Théophile Gautier, le poète incomparable des beautés de Constantinople, remarqua entre

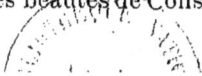

tous. C'est là, à *Kourou-Tchesmé, en arrière d'Orta-Kieuy*, comme il disait, qu'il admira surtout le Bosphore « avec ses quais ininterrompus de palais, derrière lesquels se lèvent, par inflexions onduleuses, des collines parsemées d'arbres, de jardins, de maisons et de villages de l'aspect le plus riant. » S. M. I. le Sultan n'en pouvait choisir de plus enchanteur pour donner au Prince Ferdinand la vision radieuse de l'Orient.

Le palais de Courou-Tchesmé avait été entièrement remis à neuf pour recevoir son royal hôte. Les appartements de Son Altesse Royale donnaient tous sur le Bosphore, surplombant l'eau. On n'avait rien épargné pour les rendre somptueux. Le grand salon de gala, aux peluches rouges et bleues, le salon particulier, l'immense cabinet de toilette, où chaque objet était marqué au chiffre et aux armes royales du Prince, la chambre à coucher, avec son lit aux riches tentures, tout accusait la préoccupation de conserver les traditions de faste et d'élégance qui caractérisent l'hospitalité du Souverain Ottoman.

L'arrivée à Courou-Tchesmé par terre n'a rien de saisissant. La route, enfermée presque partout entre de hautes murailles, dérobe aux yeux les coins de mystère où se cachent les palais. Mais quand on arrive par mer, les colonnettes blanches du yali soutenant des miradors au-dessus des rives ensoleillées, apparaissent de loin et captivent les regards. Après les splendeurs de Dolma-Bagtché, et succédant à l'entassement de murailles qui forment le Tchéragan, cette coquette villa paraît exquise. Les proportions des autres palais la font trouver d'abord petite, mais il suffit d'y pénétrer, pour en mesurer l'étendue. On trouve, caché dans un parc, un château de rêve, avec d'innombrables appartements, des salons spacieux, d'interminables galeries égayées çà et là d'étoffes rieuses, avec tout l'imprévu de l'architecture orientale, lumineuse et voilée, avec des vestibules qui se terminent en jardin, où le bruit d'une cascatelle fait songer à l'on ne sait quel *patio* mauresque de Grenade transporté là par la baguette d'une fée.

Le général Vehbi pacha, aide-de-camp du Sultan, avait été nommé directeur de la résidence. S. A. R. le Prince Ferdinand, après avoir pris possession de ses appartements et changé de costume, reçut les premiers drogmans des ambassades et légations étrangères.

LL. EE. Costaki Carathéodori Effendi et le général Mouzaffer pacha, qui avaient représenté la Turquie à la cérémonie du baptême orthodoxe du prince Boris, eurent également une courte entrevue avec Lui.

Les " Mihmandars "

Quand Sa Majesté Impériale le Sultan reçoit un hôte royal, Elle attache à sa personne quelques officiers spéciaux, qu'on appelle *Mihmandars*.

Le général Ahmed Ali pacha, le major Riza bey, le major Timour bey, l'adjudant-major Mehmend Ali bey et le lieutenant Tellat bey, aides-de-camp de S. M. I. le Sultan, avaient été chargés d'accompagner le Prince Ferdinand pendant tout le temps que Son Altesse passerait à Constantinople. Le Général Ahmed Ali pacha, un gentilhomme doublé d'un archéologue et d'un artiste, semblait tout désigné pour servir de guide à travers Stamboul à un Prince également soucieux des choses du présent et des choses du passé. Il ne faut donc pas être surpris si Son Altesse Royale conçut vite pour son *Mihmandar* une vive sympathie.

LA JOURNÉE DU VENDREDI 29 MARS

Vers 11 heures dn matin, des équipages de la Cour allèrent à Courou-Tchesmé pour transporter à la résidence impériale le Prince et sa suite qui devaient assister au Sélamlik.

Son Altesse Royale était en petite tenue, coiffée, au lieu du calpak, de la casquette bulgare, à bande rouge, telle qu'on la voit dans notre portrait. Avec Elle se trouvaient dans la voiture LL. EE. Zihni pacha et le général Ahmed Ali pacha. Quatre aides de camp et un piquet de lanciers suivaient l'équipage, tandis que deux piqueurs ouvraient la marche.

Au Sélamlik

A Yildiz, le Prince Ferdinand fut reçu avec les plus grands honneurs par S. E. Munir pacha, grand maître des cérémonies et drogman du Divan impérial, et par S. E. le maréchal Chakir pacha, chef de l'état-major de la Maison militaire de S. M. I. le Sultan. Il fut conduit au kiosque impérial donnant sur la place de la mosquée Hamidié.

Aussitôt après, arriva S. A. I. Burhaneddin Effendi, second fils de Sa Majesté, accompagné de plusieurs dignitaires de la Cour, pour Saluer Son Altesse Royale, et en même temps pour l'inviter au banquet qui devait être donné le soir en son honneur. Un somptueux buffet était dressé dans le kiosque.

Jamais on n'avait vu foule pareille à un Sélamlik. Le Prince, placé à une des fenêtres qui donnent sur le parterre des ambassadeurs et sur la mosquée, suivit avec le plus grand intérêt les détails de la cérémonie. Mais nous ne referons pas, après tant d'autres, une description si souvent faite. Contentons-nous de citer quelques noms.

Dans l'enceinte réservée, les assistants étaient nombreux : citons S. E. M. Podestad de Fornari, ministre plénipotentiaire d'Espagne avec M. Cigallo, premier drogman de la légation ; S. E. le comte de Steenbock, ministre de Suède et Norvège, avec le conseiller de la légation ; M. Gargiulo, premier drogman de la légation des États-Unis d'Amérique et sa femme ; le commandant baron de Vialar, attaché militaire de l'Ambassade de France ; M. Gout, consul-adjoint de France ; le commandant et les officiers du stationnaire allemand ; le premier secrétaire de la légation de Serbie et sa femme ; le commandant du *Dryad* avec sa femme ; le baron de Giesl, attaché militaire de l'Ambassade-d'Autriche-Hongrie et la baronne de Giesl ; l'attaché militaire de la légation de Serbie ; le général russe M. Pototesky et sa femme ; Mme Kamphœvener pacha; le consul de Belgique et le drogman du consulat ; M. Filality chargé d'affaires de Roumanie et M. Lahaille, premier drogman de la légation ; M. Neulinsky ; Mme L. de Grati effendi, Mme R. Delbeuf ; Mlles Eugenidi, Calvocoressi, Coconi et un grand nombre d'autres, *spectatum admissae, spectentur ut ipsae* ; 12 marins du stationnaire français et plus de deux cents étrangers recommandés par leurs ambassades ou légations respectives.

Mais de tous les assistants, celui qui attirait le plus les regards, c'était sans contredit Christo. Christo est le chef de la garde de corps du Prince. C'est un homme vraiment peu ordinaire, avec ses 38 décorations étalées sur la poitrine. Un brave d'ailleurs, encore vigoureux, malgré ses 60 ans. Sa moustache s'argente à peine ; la taille est droite, l'œil vif, le poing redoutable. En quelques instants Christo était devenu, sans le savoir, le héros de mille aventures qui ne sont pas arrivées. Celles qui sont arrivées suffiraient à remplir un roman.

Maintenant pour la première fois il connaît les douceurs de

la paix, après tant de vicissitudes et tant d'alertes. Christo a reporté sur son dernier maître tout l'enthousiasme de ses premiers dévouements. De tous les souverains d'Europe le Prince Ferdinand peut se vanter d'être le mieux gardé.

Premier Banquet à Yildiz

A l'issue de la cérémonie du Sélamlik, Son Altesse Royale était rentrée à Courou-Tchesmé. Mais, le soir même, à 7 heures, des voitures de la Cour venaient l'y reprendre, pour le ramener au Palais Impérial, où un grand banquet était donné en son honneur.

Le Souverain avait à ses côtés le Prince de Bulgarie et S. A. Halil Rifat Pacha, son grand-vézir.

Les autres assistants étaient :

M. Stoïlow, le colonel Pétrow, les lieutenants-colonels, Marcow, Stoyanow, le major Bernew, le capitaine Stoyanow, M. Dobrovitch, M. Leverkuhn, M. Dimitrow, M. Martin Furth, M. Constantinovitch ; LL. EE. Riza pacha, ministre de la guerre ; l'amiral Hassan pacha, ministre de la marine ; Tevfik pacha, ministre des affaires étrangères ; le maréchal Zéki pacha, grand maître de l'artillerie et directeur général des écoles militaires; Ghazi Osman pacha, grand maréchal de la cour ; le maréchal Chakir pacha, chef de la Maison militaire de S. M. I. le Sultan ; Zihni pacha, ex-gouverneur-général d'Alep ; Munir pacha, grand maître des cérémonies et drogman du Divan impérial ; Hadji Ali bey, 1er chambellan ; Tahsin bey, 1er secrétaire de Sa Majesté ; le général de division Nouri pacha, 2me chambellan ; le général de division Ahmed pacha; et plusieurs maréchaux et généraux faisant partie de la haute Commission d'inspection siégeant au Palais.

Après le banquet, S. M. I. le Sultan reçut dans un salon attenant à la salle des fêtes le Prince Ferdinand, ainsi que M. Stoïlow, son premier ministre, et M. Dimitrow.

Il était 11 heures et demie quand le Prince prit congé de Sa Majesté. C'est ainsi que s'acheva cette première journée de Sélamlik, la plus radieuse, la mieux remplie de toutes celles que Son Altesse devait passer à Constantinople.

DANS LES AMBASSADES

Les réceptions qui furent faites à Son Altesse Royale le Prince de Bulgarie dans les ambassades de toutes les grandes puissances achèvent de donner à l'accueil de S. M. I. le Sultan toute sa signification.

Depuis lors, le Prince a visité triomphalement les principales cours d'Europe. Il a été reçu à Saint-Pétersbourg. à Paris, à Berlin, avec un éclat incomparable. Mais le point de départ de ces heureux événements est à Constantinople.

Il fit d'abord ses visites. Il se rendit successivement aux Ambassades d'Allemagne, d'Angleterre, d'Autriche-Hongrie, de France, d'Italie, de Russie, de Perse et aux diverses Légations. Partout il fut reçu avec les honneurs dûs à son rang.

Le lendemain le corps diplomatique vint à Courou-Tchesmé. Tous les Ambassadeurs et les Ministres y furent reçus avec le cérémonial ordinaire.

Mais à cela ne devaient pas se borner les manifestations des grandes puissances.

A l'Ambassade d'Autriche-Hongrie

C'est S. E. le Baron de Calice, ambassadeur de S. M. François-Joseph, qui donna, le dimanche 29 Mars, en l'honneur de Son Altesse Royale, le premier dîner officiel. Le doyen du corps diplomatique de Constantinople était à Vienne au moment où le Prince arriva. Il rentra aussitôt, se conformant à un ordre de son souverain, qui n'oublie pas d'ailleurs que le Prince Ferdinand était officier de l'armée autrichienne, avant de devenir Prince de Bulgarie. La fête donnée par le Baron de Calice fut des plus brillantes.

Voici la liste des invités qui prirent part au diner :

S. A. le grand-vézir ; LL. EE. Tevfik pacha, ministre des affaires étrangères ; le maréchal Zéki pacha, grand maître de l'artillerie ; M. Stoïlow, ministre-président bulgare ; le colonel Pétrow, ministre de la guerre ; Munir pacha, grand maître des cérémonies et drogman du Divan impérial ; le maréchal Kamphœvener pacha, aide-de-camp du Sultan ; Constantin Carathéodoridi effendi, conseiller d'Etat ; les généraux de division Muzaffer pacha ; le prince Maurocordato, ministre de Grèce ; van der Staal, ministre des Pays-Bas ; M. Vladan Georgevitch, ministre de Serbie ; le comte Steenbock, ministre de Suède et Norvège ; M. Dimitrow, agent princier de Bulgarie ; M. Bakitch, chargé d'affaires du Monténégro ; M. Filalitty, chargé d'affaires de Roumanie ; M. de Groote, chargé d'affaires de Belgique ; le chargé d'affaires d'Amérique ; Zihni pacha et Ahmet Ali pacha, *mihmandars* du Prince ; les major Riza bey, Timour bey, l'adjudant-major Mehmed-Ali bey et le lieutenant Telaï bey, aides-de-camp de S. M. I. le Sultan ; ainsi que tous les personnages de la suite princière et M. Taptchilestoff, secrétaire du ministre-président.

A l'Ambassade de France

Le départ de Son Altesse avait été fixé d'abord au mardi de Pâques. Or, suivant un usage diplomatique généralement admis, il n'y a pas de réception dans les ambassades, durant la semaine sainte.

Cependant S. E. M. Cambon, nouvellement rentré d'un

voyage en Egypte, tint à honneur de recevoir quand même l'hôte de S. A. I. le Sultan, à l'Ambassade de France. Le diplomate éminent qui représente la République à Constantinople, avec l'autorité qui lui appartient, affirmait ainsi par cette démonstration exceptionnelle, les intentions de son gouvernement.

Un déjeuner eut lieu le mercredi saint et réunit, outre les ministres et les secrétaires intimes du Prince, le ministre des affaires étrangères de Turquie, quelques généraux ottomans, M. de la Boulinière, conseiller d'Ambassade, M. Gazay, Consul Général de France ; le baron de Vialar, attaché militaire, les secrétaires, les drogmans et les commandants des deux stationnaires ; en tout 24 couverts. Le Prince, qui avait la place d'honneur (est-il besoin de le dire), avait à côté de lui ses deux ministres, en face de S. E. M. Cambon. Heureux de se trouver en famille française, il se montra avec tout le monde d'une cordialité charmante. Après le déjeuner, Il voulut bien s'entretenir longuement avec le commandant de Vialar — promu lieutenant-colonel quelques jours plus tard — de cette Afrique et de cette armée française où le duc d'Aumale et d'autres soldats de sa famille ont laissé tant de glorieux souvenirs. Enfin, après avoir pris congé de S. E. M. Cambon, il alla se promener, en touriste soucieux de l'art, à travers les monuments de Stamboul.

A l'Ambassade de Russie

Dès le jour de son arrivée, il avait été décidé qu'une fête serait donnée à l'ambassade de Russie, le lundi de Pâques, 6 avril, en l'honneur de Son Altesse Royale. L'envoyé du Czar avait tenu à prendre date pour ce jour privilégié.

La fête comporta un grand dîner et un bal.

Au dîner (de 24 couverts) prirent part :

MM. le colonel Pétrow, ministre de la guerre ; le secrétaire particulier du Prince ; LL. EE. Tevfik pacha, ministre des affaires ; Munir pacha, grand maître des cérémonies du Divan impérial ; Zihni pacha et Ahmed Ali pacha, *mihmandars* de Son Altesse Royale ; MM. Jadovski, Maximow, Lagovski, le commandant du *Donetz*, second stationnaire russe, les lieutenants-colonels Marcow Stoyanow, le major Bernew, le capitaine Stoyanow, M Dobrovitch, chef du cabinet politique, M. S. Constantinovitch, 1er secrétaire de l'agence princière. M. Dimitrow, agent princier de Bulgarie ; le majors Riza bey et Timour bey, aides-de-camp de S. M. I. le Sultan, ainsi que quelques autres personnages de la suite princière.

Le banquet fut suivi d'un splendide raout où s'étaient donné rendez-vous toutes les notabilités du monde pérote et la plupart des membres du corps diplomatique, répondant à l'appel de l'Ambassadeur de Russie et de Mme de Nélidow.

Il était minuit passé quand Son Altesse quitta les salons, pour rentrer à Courou-Tchesmé.

A l'Ambassade d'Angleterre

Le départ de Son Altesse Royale était d'abord fixé au mardi de Pâques. Mais, sur les instances de S. M. I. le Sultan, cette date dut être reculée. Aussitôt, les Ambassadeurs des autres grandes puissances s'empressèrent d'organiser également des fêtes en l'honneur du Prince. Ce fut d'abord le tour de l'Ambassadeur d'Angleterre.

S. E. Sir Philipp Currie et Lady Currie donnèrent le mercredi matin, 8 avril, un déjeuner de gala auquel assistaient :

LL. EE. Tevfik pacha, ministre des affaires étrangères ; Munir pacha, grand maître des cérémonies du Divan impérial ; Zihni pacha, Ahmed Ali pacha, *mihmandars* ; M. Stoïlow, ministre-président ; le colonel Pétrow, ministre de la guerre ; les lieutenants-colonels

Marcow et Stoyanow ; le major Riza bey, aide-de camp du Sultan :
S. E. le comte de Steenbook, ministre de Suède et Norvège ; S. E.
M. Van der Staal, ministre des Pays-Bas ; le secrétaire de l'ambassade d'Angleterre, M. Block, premier drogman et M. Mari-
nitsch, 2ᵐᵉ drogman de la même ambassade.

A l'Ambassade d'Allemagne

Le lendemain matin, jeudi, 9 avril, S. E. le baron Saurma-
Yeltsch, ambassadeur d'Allemagne, offrit en l'honneur de Son
Altesse Royale un déjeuner auquel prirent part :

Mˡˡᵉ Saurma-Yeltsch, fille de l'ambassadeur ; LL. EE. Tevfik
pacha, ministre des affaires étrangères ; Zihni pacha, Ahmed Ali
pacha, Henser pacha, de Hofe pacha, le maréchal Kamphœner
pacha ; M. Stoïlow, ministre-président ; le colonel Pétrow, ministre de la guerre bulgare ; Brokdorf pacha, MM. Stoyanow, Marcow,
Dobrovitch, M. Furth, Groumkow pacha, M. Stemrich, le comte
Henckel, Bertran effendi, *mustéchar* des contributions indirectes ;
le commandant de *Bredone*, M. Testa, M. Kuhlmann, directeur
général des chemins de fer d'Anatolie et M. Dimitrow, agent princier de Bulgarie.

A l'Ambassade d'Italie

Le soir même, S. E. l'ambassadeur d'Italie et Mᵐᵉ Pansa donnèrent un dîner de 14 couverts en l'honneur du Prince.

Y furent invités : LL. EE. Tevfik pacha, ministre des affaires
étrangères ; Munir pacha, grand maître des cérémonies et drogman
du Divan impérial ; le général Ahmed Ali pacha, aide-de-camp du
Sultan ; M. Stoïlow, ministre-président ; le colonel Pétrow, ministre de la guerre ; MM. les lieutenants-colonels Stoyanow
et Marcow ; M. Nobili et M. Cangià, premier drogman de l'ambassade.

Le Prince Ferdinand avait été reçu par les ambassadeurs de toutes les grandes puissances signataires du traité de Berlin.

VISITES

LL. EE. les ministres ottomans

Le dimanche, 29 mars, après midi, le *Beylerbey* emmena à Sirkédji le Prince accompagné de LL. EE. Zihni pacha et Ahmed Ali pacha, et de sa suite. Là attendaient une voiture attelée à la Daumont pour le Prince et d'autres voitures pour le cortège.

Dans la cour de la S. Porte, un bataillon d'infanterie présenta les armes. Le Prince fut reçu sur le perron par S. E. Férouh effendi, maître des cérémonies de la S. Porte, qui le conduisit à la salle des réceptions où l'attendaient en grand uniforme S. A. le grand-vézir et les ministres.

S. A. Halil Rifaat pacha présenta LL. EE. les ministres au Prince Ferdinand, lequel, à son tour, leur présenta les personnages de sa suite. L'entrevue dura une heure.

Le lendemain, S. A. le grand-vézir se rendit à Courou-Tchesmé, pour rendre la visite qu'il avait reçue la veille. Il fut reçu au seuil du palais par M. Stoïlow, le colonel Pétrow, et les aides-de-camp du Prince. Son Altesse Royale se porta au devant du grand-vésir au haut de l'escalier. Après un court entretien, S. A. le grand-vézir quitta Courou-Tchesmé. Peu après arrivèrent les autres ministres, à un quart d'heure d'intervalle. S. E. Tevfik pacha, *mustéchar* du Grand Vézirat, rendit également visite au Prince Ferdinand.

Quelques jours plus tard, en quittant l'ambassade d'Angleterre, S. A. R. le Prince de Bulgarie accompagnée de LL. EE. Zihni pacha, Ahmed Ali pacha et de deux personnages de sa suite, se rendit à Béchiktach, chez S. E. Munir pacha, grand-maître des cérémonies et drogman du Divan impérial.

Munir pacha reçut le Prince au bas de l'escalier. De là, Son Altesse Royale se fit conduire au conak de S. E. Tevfik pacha, ministre des affaires étrangères.

A l'Exarchat et à l'Agence bulgares.
Au Phanar.

C'est le samedi soir, 28 mars, à 4 heures, que Son Altesse Royale le Prince rendit à S. B. Mgr Joseph, Exarque Bulgare, la visite que Sa Béatitude lui avait faite la veille. Il arriva en voiture de la Cour. Il était accompagné de LL. EE. Zihni pacha et Ahmed Ali pacha. Des piqueurs escortaient l'équipage. M. Stoïlov et le colonel Petrow ainsi que d'autres personnages de la suite princière venaient après la voiture de Son Altesse Royale, avec les majors Riza bey, Timour bey, Mehmed Ali bey. La visite dura une demi heure, après quoi le Prince se rendit à l'Agence bulgare.

Devant l'Hôtel de l'Agence, des gendarmes, des agents municipaux et de police formaient la haie. M. Dimitrow, entouré de son personnel, reçut le Prince Ferdinand. Mme Dimitrow, assistée des femmes des fonctionnaires, fit les honneurs de la maison.

S. B. l'Exarque, portant toutes ses décorations et accompagné de son vicaire et de l'archimandrite Néophyte, se rendit aussi à l'Agence.

Le lendemain, dimanche, à 9 heures du matin, S.A.R. accompagnée de M. Stoïlow, du colonel Petrow, de M. Taptchilestow, secrétaire du ministre-président, ainsi que des autres personnes de sa suite et de ses *mihmandars*, se rendit au Phanar, à bord du *Beylerbey*.

Plus de 10,000 Bulgares l'attendaient. Son arrivée fut saluée de hurrahs frénétiques et d'acclamations d'enthousiasme qui remplissaient les rues de Phanaraki.

Il fut reçu au débarcadère de l'église en construction par M. Dimitrow, entouré du personnel de l'Agence, et à l'entrée de l'église de St-Etienne par S. B. l'Exarque assisté du clergé. Son Altesse prit place sur l'estrade qui lui avait été réservée dans le chœur.

A l'issue de la cérémonie religieuse, S. B. Mgr Joseph, prononça un discours vibrant de patriotisme. « La communauté bulgare, dit-il en terminant, reçoit aujourd'hui son Prince dans cette petite chapelle; mais, grâce à la bienveillance de S. M. I. le Sultan et aux efforts des Bulgares, ceux-ci possèderont bientôt une grande et belle église à Constantinople. » Enfin, il forma des vœux pour Sa Majesté et pour Son Altesse Royale.

Le Prince, après avoir visité l'église en construction, rentra à Courou-Tchesmé par voie de terre, en passant par le vieux pont.

Le Dimanche suivant, jour de Pâques, c'est encore à l'Église bulgare du Phanar qu'il voulut revenir. Il y fut reçu avec les mêmes ovations. Toute la colonie bulgare, en ce jour de fête, était venue saluer son Prince.

Après le service divin. Son Altesse Royale offrit à S. B. l'Exarque un magnifique médaillon orné de pierres précieuses. En le lui remettant, Son Altesse rappela à Sa Béatitude que ce souvenir précieux avait été offert jadis au premier Exarque bulgare, Anthime, par le Czar Alexandre II. Il termina en exprimant le désir qu'il fût porté désormais par tous les chefs de l'Exarchat bulgare.

Un déjeûner superbe fut offert ensuite en son hôtel, par S. B. l'Exarque, à S. A. R. le Prince, aux Ministres et à Sa suite. Au dessert, Son Altesse Royale porta un toast à la santé de S. B. l'Exarque. Il dit combien il était heureux de passer les fêtes de

Pâques de cette année mémorable, à l'Exarchat même, en pleine famille bulgare. Sa Béatitude répondit en quelques mots heureux et distribua aux invités les œufs de Pâques.

Ce même jour, en passant devant Galata-Séraï, à Péra, au moment où la foule était massée en cet endroit, Son Altesse fut l'objet d'une véritable manifestation enthousiaste. En quelques jours le Prince de Bulgarie était devenu populaire.

PROMENADES

Il faudrait tout un livre, si nous voulions raconter au jour le jour le détail de ce voyage. Mais il n'entre pas dans notre plan de nous étendre sur le côté fantaisiste et artistique des promenades de Son Altesse. Il est superflu de dire qu'Elle a voulu voir ou revoir les mosquées de Stamboul, et qu'Elle a longuement admiré le sarcophage d'Alexandre et les autres monuments funéraires qui font du Musée impérial ottoman l'un des plus curieux de toute l'Europe. Le prince Ferdinand est trop artiste et trop lettré pour n'avoir pas passé de longues heures devant ces incomparables modèles de l'art grec au IVme et au Vme siècles. Mais le récit de ces promenades à travers Stamboul ne peut être fait que par le promeneur lui-même, si jamais il lui en prend fantaisie.

On lui fit les honneurs de la fabrique impériale de Héréké et de tous les grands établissements industriels ou militaires de la capitale.

Il se promena autour de Constantinople, comme dans Stamboul ; il remonta le Bosphore jusque par delà Rouméli-Kavak.

Toujours accompagné de S. E. Ahmed Ali pacha, le meilleur guide qu'il pût avoir pour tout connaître, il visita, outre le Vieux-Sérail et le trésor impérial qui est enfermé dans ce palais, les bains de Mahmoud-Pacha, de Djighal-Oglou et de Sultan-Hamam, le Grand Bazar et toutes les curiosités de Stamboul.

Le soir seulement, à la tombée du jour, il rentrait dans son palais par la mouche à vapeur *Beylerbey*, qui lui donnait le spectacle des couchers de soleil sur les collines d'Asie. On peut dire qu'il a tout vu de Stamboul, depuis Yédicoulé et la porte d'Andrinople, jusqu'à la pointe du sérail et les collines d'Eyoub, d'où Pierre-Loti contempla si souvent le panorama de la Corne d'Or, avec les deux villes étagées sur les deux rives.

Si le Prince avait voulu répondre à toutes les invitations qui lui avaient été adresséss, ce n'est pas trois semaines, mais trois mois qu'il aurait dû passer à Constantinople. Il trouva cependant le temps de faire beaucoup de visites privées, en dehors même de celles que nous avons signalées, dans les diverses ambassades et auprès des hommes politiques turcs. Contentons-nous d'en rappeler quelques-unes.

Le mardi, 30 mars, après avoir déjeuné en sa résidence de Courou-Tchesmé, accompagné de M. Stoïlow, du colonel Pétrow, du général Ahmed Ali pacha et de quelques personnages de sa suite, le Prince alla à Rouméli-Hissar, d'où les voitures de la Cour le conduisirent à Robert College.

On sait que plusieurs des hommes d'Etat bulgares actuels ont fait leurs études dans cette grande institution.

Le directeur, entouré du corps enseignant et des élèves, fit une brillante réception à Son Altesse Royale qui visita l'établissement et félicita le directeur.

Un autre jour, il alla prendre le thé chez S. E. Saïd pacha, président du conseil d'Etat, puis chez S. E. Carathéodori effendi, conseiller d'Etat, chez S. E. Ahmed Ali pacha, où il admira un véritable galerie de tableaux, croquis et paysages d'Orient dûs au pinceau du général lui-même.

Encore à Yildiz

Nous n'avons signalé que les premières réceptions à Yildiz. Mais S. M. I. le Sultan, qui donna à tout le voyage du Prince un tel caractère de sympathie affectueuse et de grandiose hospitalité, voulut offrir à son hôte de nouvelles fêtes. Il y eut d'autres réceptions, des dîners, des lunchs, des représentations théâtrales donnés en son honneur.

Le vendredi, 10 avril, le Prince assista encore au Sélamlik. Puis un dernier grand banquet de gala lui fut offert, le 13, auquel assistèrent LL. AA. les Princes Impériaux ; Halil Rifaat pacha, grand vézir ; LL. EE. Tevfik pacha, ministre des affaires étrangères ; Ghazi Osman pacha, grand maréchal de la Cour ; le grand maître des cérémonies du Divan impérial, plusieurs aides-de-camp de Sa Majesté ; LL. EE. Stoïlow, Pétrow, ministres bulgares, et la suite de Son Altesse Royale.

Après le banquet, Sa Majesté reçut encore une fois le Prince en audience privée et le nomma feld-maréchal de l'armée impériale. Il est impossible de dire quelles furent les délicatesses et les prévenances du souverain pour témoigner à ses hôtes toute sa bienveillance. C'est ainsi que M. Stoïlow, président du conseil bulgare, ayant été frappé d'un deuil par la mort de son beau-frère, M. Tapchilestow, frère de son secrétaire particulier, Sa Majesté envoya un de ses aides-de-camp pour lui transmettre ses compliments de condoléances.

CADEAUX IMPÉRIAUX ET DÉCORATIONS

S. M. I. le Sultan conféra à tous les ministres bulgares et aux membres de la suite princière les différentes classes des ordres de l'*Osmanié* et du *Medjidié*.

M. Sloïlow reçut la plaque en brillants de l'*Osmanié*, le ministre-président possédant déjà le grand cordon de cet ordre.

Au colonel Pétrow, ministre de la guerre fut conféré le grand cordon du *Médjidié* et la 2ᵐᵒ classe du même ordre aux lieutenants-colonels Stoyanow et Marcow, à M. Dobrovitch, à M. Constantinovitch,

Le capitaine Stoyanow et M. Martin-Furth reçurent la 3ᵐᵉ classe de l'*Osmanié* ; les Docteurs Leverkuhn et Ludwig la 3ᵐᵉ du *Médjidié* ; M. Pfannenstiel, la 4ᵐᵉ de l'*Osmanié*.

Outre ces distinctions accordées à la suite immédiate du Prince, S. M. I. le Sultan conféra encore en Bulgarie, les décorations suivantes :

Le grand cordon du *Médjidié* à M. Kéchow, ministre des finances à Sophia; la 2ᵐᵉ classe de l'*Osmanié* à M. Madjarow, ministre des travaux publics, et à M. Vichkoff, ministre de l'instruction publique; la 2ᵐᵉ classe du *Médjidié* à M. Théodorow, ministre de la justice; le grand cordon de l'*Osmanié* à Mᵍʳ Grégoire, métropolitain bulgare de Roustchouk; le grand cordon du *Médjidié* à M. le Dʳ Stantchow, agent princier de Bulgarie à Vienne; la 2ᵐᵉ classe du même ordre au colonel Ivanoff, chef de l'état-major général de l'armée bulgar; à M. Benew, secrétaire générale du conseil des ministres; à M. Christo Bracalow, secrétaire générale du ministère des affaires étrangères; à M. Valassakow, 1ᵉʳ drogman à ce débartement, et à M. Pavlitow, préfet de Philippopoli ; la 3ᵐᵉ classe du même ordre à M. Bacolow, préfet de Choumni, et à M. Chichkow, député; la 2ᵐᵉ classe du *Médjidié* au colonel Païrikow, chef de section au ministère des affaires étrangères, et à M. le Dʳ Jancolow, vice-président du Sobranié bulgare; la 3ᵐᵉ classe du *Médjidié* à M. Jurukow, député; la 3ᵐᵉ class de *Osmanié* à MM. le Dʳ Zslotovitch, directeur de l'administration sanitaire; Kalevitch, directeur du ko-

nak princier; Mouradetow, secrétaire de la chancellerie; à Ibrahim
effendi, mufti de Philippopoli; la 3ᵐᵉ classe du *Médjidié* à Mehmed
effendi, mufti de Choumni ; à Ismaïl effendi, mufti de Varna ; à Ra-
chid effendi, mufti de Hezargrade ; à Osman effendi, mufti de Roustchouk, et à M. le Dʳ Vianow de Sophia.

On sait que le Prince avait reçu dès le premier jour la plus
haute distinction ottomane qui put lui être offerte.

S. M. I. le Sultan, fidèle jusqu'au bout à ses traditions de
grandeur, voulut bien faire au Prince de Bulgarie des présents
dignes de lui. Il fit d'abord porter dans son cabinet de travail, à
Courou-Tchesmé un splendide bahut oriental, en noyer incrusté de
nacre et travaillé dans les ateliers même de Yildiz.

On choisit dans les haras impériaux les plus beaux spécimens
de la race arabe pour les offrir à Son Altesse Royale. Des écuyers
les ont amenés plus tard jusqu'à Sophia. Citons encore de riches
tapis en soie sortant de la fabrique impériale de Héréké et destinés
au Prince et à la Princesse Marie-Louise.

Enfin une mouche à moteur électrique est construite à l'arse-
nal avec tous les raffinements les plus perfectionnés de l'art naval.
Elle s'appellera *Prince Boris* et quittera bientôt la Corne d'Or pour
se rendre dans les eaux bulgares.

Outre ces cadeaux destinés au Prince lui-même, Sa Majesté
offrit à sa suite de magnifiques souvenirs :

M. Stoïlow et le colonel Pétrow reçurent de très riches tabatières incrustées de brillants ; M. Dobrovitch et les lieutenants-
colonels Marcow et Stoyanow également de fort belles tabatières ;

Le Dʳ Leverkühn, M. Fürth et le Dʳ Ludwig, des porte-
cigarettes avec *toughra* en brillants ; M. Zlatarow, une paire de
boutons en brillants : Le capitaine Stoyanow et le major Bernew,
des tabatières ornées de brillants ; M. Veltchew, une bague en

brillants ; M. Taptchilestow, des boutons en brillants ; et toutes les autres personnes qui accompagnaient Son Altesse Royale différents objets de prix.

GÉNÉROSITÉ PRINCIÈRE

Son Altesse, de son côté, se montra d'une générosité vraiment royale.

Après avoir visité l'Asile des Pauvres, qui est un des plus beaux refuges élevés à la souffrance humaine, et qui est dû à l'initiative de S. M. I. Abd-ul-Hamid, le prince fit à l'œuvre un don de 20,000 francs.

On peut dire que toutes les œuvres philanthropiques de Constantinople reçurent de lui de précieux encouragements.

Les sœurs de St-Vincent de Paul et les diverses sociétés de secours mutuels eurent leur part de ses largesses. L'Alliance française, qui donnait un grand bal à la *Maison de France*, ne fut pas oubliée. Mais le Prince nous en voudrait de soulever le voile dont il lui a plu de recouvrir ces bonnes actions. Sa générosité s'étendit à tous jusqu'aux serviteurs modestes qui eurent la bonne fortune d'avoir à le servir. jusqu'au personnel subalterne des compagnies de chemins de fer où il voyagea.

Parmi ses cadeaux, contentons-nous de signaler une tabatière d'or ornée de brillants offerte à S. A. Halil Rifaat pacha, grand vézir ; une autre tabatière en brillants à S. E. le maréchal Chakir pacha, chef de la maison militaire du Souverain, et une autre en or, très belle, ornée de trois miniatures, à S.E. Ahmed Ali pacha, aide de camp de S.M.I. le Sultan et son *mihmandar* ; S.E. Munir pacha, grand maître des cérémonies et drogman du Divan impérial, reçut un manifique service de table en argent.

La presse ne fut pas oubliée dans les distributions; elle fut honorée de plusieurs décorations de St-Alexandre de Bulgarie ou du Mérite civil. Si le Prince était si vite devenu populaire dans tous les mondes, il faut reconnaître que cette popularité s'expliquait bien.

DERNIERS JOURS — DÉPARTS

Le Prince, ayant fait ses visites de congé à la Sublime Porte, aux divers dignitaires turcs, aux ambassadeurs, aux ministres étrangers, offrit avant de partir, en son palais de Courou-Tchesmé, un grand dîner de gala. Tout le corps diplomatique se rendit à cette invitation, à l'exception du ministre d'Espagne absent, et du Prince Mavrocordato, ministre de Grèce, retenu par un deuil récent. Le milieu de la table était occupé par le Prince ayant en face de lui S. A. Halil Rifaat pacha, grand vézir, et de chaque côté LL. EE. de Nélidow, ambassadeur de Russie, et le baron de Calice, ambassadeur d'Autriche-Hongrie. LL. EE. M. P. Cambon, ambassadeur de France, et Sir Philip Currie, ambassadeur de Sa Majesté Britannique, avaient pris place à côté de S. A. le Grand Vézir.

S. M. I. le Sultan, avait bien voulu envoyer Son orchestre privé. Au dessert, Son Altesse Royale se leva. Tous les convives se mirent debout. Elle porta un toast à Sa Majesté Impériale le Sultan Abdul Hamid Khan Ghazi.

Le lendemain, eut lieu à la cour le dernier dîner dont nous avons parlé, et enfin, le mardi 14, s'effectua le départ.

Le matin, à 11 heures $\frac{1}{2}$, on procéda en grande pompe à l'investiture solennelle de Son Altesse Royale comme feld-maréchal. S. E. le général de division Nouri pacha, 2me chambellan du Sultan, porta le *menchour* impérial. C'est le *Beylikdji* du Divan impérial, Raïf effendi, qui en donna lecture.

Aussitôt après, Son Altesse Royale le Prince répondit, disant combien il était heureux de recevoir ce titre d'honneur dans les rangs d'une armée qui s'est toujours couverte de gloire, et il termina en exprimant sa reconnaissance pour les marques si nombreuses de la haute bienveillance du souverain. Une heure après, il alla lui-même porter à Sa Majesté l'expression de ces sentiments. Son Altesse Royale avait endossé le nouvel uniforme de maréchal ottoman et portait les plaques en brillants de l'*Imtiaz* et de l'*Osmanié*. Il prit place dans une voiture attelée à la daumont, suivi d'autres voitures avec les personnages de Sa Suite tous en grand uniforme.

S. M. I. le Sultan offrit au prince un magnifique bouquet de fleurs rares cueillies dans le parc de Yildiz, ainsi qu'un splendide service à fumer en or, incrusté de brillants. Sa Majesté l'invita à revenir bientôt à Constantinople avec Son Altesse Royale la princesse Marie-Louise. Après l'audience, le Prince gagna Dolma-Bagtché avec le même cérémonial; une mouche impériale le ramena à Courou-Tchesmé, où le *Sultanié* était à l'ancre. Quand son approche fut signalée, les marins se rangèrent sur les bastingages et la musique du bord entonna la marche *Hamidié*. Son Altesse Royale ayant mis le pied sur l'échelle, le pavillon princier fut hissé sur le mât de misaine, tandis qu'un piquet de marins présentait les armes, baïonnette au canon.

Enfin le signal du départ fut donné, et le *Sultanié*, commandé par Mehmed Bey, avec 360 hommes d'équipage, se mit en marche pendant que le paquebot *Bulgaria*, de la Société Bulgare de navigation à vapeur, pavoisé de drapeaux, saluait le Prince de ses dernières et chaleureuses acclamations.

Théophile Gautier quittant Constantinople, la regarda, dit-il, une dernière fois s'effaçant à l'horizon, « avec cette indéfinissable mélancolie qui vous serre le cœur lorsqu'on quitte une ville qu'on ne doit probablement plus revoir. » Le Prince Ferdinand éprouva sans doute les mêmes regrets, en prenant congé du souverain généreux et bienveillant qui l'avait reçu avec une telle munificence. Mais il ne connut pas la mélancolie du poète. Ce n'est pas la tristesse des longs adieux, le *longum vale* aux horizons à jamais perdus, qui assombrit pour lui la vision de Stamboul, mais la perspective des prochains retours qui vint l'illuminer.

EN RUSSIE

C'est à 5 heures du soir que le *Sultanié* avait levé l'ancre, escorté de *Ismir* et du *Bulgaria*. LL. EE. Ahmed Ali pacha et Ghalib bey devaient aller à Odessa. L'adjudant-major Mehmed Ali Bey, aide de camp, devait la suivre dans son voyage en Europe et ne prendre congé d'Elle qu'à sa rentrée à Sophia. Son Altesse emmenait à Sa suite MM. les ministres Stoïlow et Petrow, ses quatre aides de camp, ainsi que MM. Dobrovitch et Furth.

Le *Sultanié* entra en rade d'Odessa, le jeudi 4/16 avril, à 8 heures du matin. A bord, la musique jouait l'hymne national bulgare. Sur le quai, pavoisé de drapeaux russes, bulgares et princiers, un bataillon rendait les honneurs. Toutes les autorités civiles et militaires vinrent saluer le Prince, qui prit congé des représentants de S. M. I. le Sultan et mit pied à terre, au milieu des acclamations de la foule. Une demie heure après, le train qui l'emportait à St-Pétersbourg se mettait en marche. Il y arriva, le samedi 6/18, à midi.

Après les présentations officielles, Il monta en voiture découverte, avec S. A. I. le Grand-Duc Vladimir, se rendant au Palais d'Hiver, à travers les rues pleines de curieux qui Le saluaient respectueusement. Quelques heures plus tard, il partait pour Tzarskoe-Selo, où il fut reçu par LL. MM. II. l'Empereur et l'Impératrice.

Nous n'avons pas le dessein de raconter en détail le voyage de Son Altesse Royale à St-Pétersbourg. On sait quelles marques d'affectueuse sympathie il reçut des souverains russes. Le dimanche

7/19, un grand dîner de cinquante couverts fut donné en son honneur, dans la grande salle des fêtes du Palais d'Hiver.

Au dessert, S. M. le Czar porta le toast suivant : «Je bois à la
santé de S. M. I. le Sultan Abdul-Hamid, de S. A. R. le Prince
Ferdinand Ier de Bulgarie, et à celle de Mon filleul, le Prince Boris,
Prince de Tirnovo.» Après le dîner, les augustes convives et leurs
invités assistèrent à une représentation de gala au Grand Théâtre.

Il y eut d'autres dîners et réceptions chez S. A. I. le Grand Duc
Vladimir, à l'ambassade Ottomane, chez S. E. le prince de Lobanow,
qui avait eu de longues entrevues avec Son Altesse Royale et avec
ses ministres.

Le Prince alla porter des couronnes sur les tombes de LL.
AA. II. Alexandre II et Alexandre III. Il reçut les visites des
ambassadeurs présents à St-Pétersbourg et quitta la capitale russe,
le mercredi soir 10/22. Dans une précédente entrevue avec S. M. le
Czar, Il avait reçu le Grand Cordon de l'Ordre de St-Vladimir.

EN FRANCE

En quittant St-Pétersbourg, le Prince se rendit directement
à Paris. Il y arriva le samedi matin 13/25, à 8 h. 20. Il y fut reçu
avec les plus grands honneurs. Le gouvernement de la République
avait aménagé spécialement pour Lui un superbe hôtel. Les Français accueillirent avec enthousiasme un ami de la Russie et du
Sultan. Partout sur son passage les parisiens l'acclamèrent en
jetant des fleurs.

La presse française donna le spectacle, aussi rare que signifi-
catif, de l'unanimité dans les appréciations. Le Prince tombait préci-
sément en pleine crise ministérielle. Le cabinet Bourgeois n'existait
plus, et le cabinet Méline n'existait pas encore. Mais le Prince put
ne pas s'en apercevoir. Comme le disait très bien un article du

Journal, « au dessus de toutes les personnalités que le hasard des combinaisons et le jeu des partis portent au pouvoir, il y a la France. » M. Bourgeois reçut le Prince de Bulgarie, ami de la Turquie et de la Russie, comme l'eût fait M. Hanotaux et M. Méline, comme eût pu le faire M. Sarrien ou tout autre.

Nous ne ferons pas davantage le récit complet des fêtes qui marquèrent les cinq jours passés par le Prince à Paris. Il fut reçu en souverain par le Président de la République. Un grand dîner de gala, suivi d'une soirée musicale et dramatique, lui fut offert au Palais de l'Elysée. Il se mit en rapports avec les principaux hommes politiques, et S. Exc. Munir bey, ambassadeur de Turquie, donna en son honneur une très belle fête.

Les choses de l'armée semblèrent le préoccuper avant tout. Il alla visiter Saint-Cyr, et l'on sait quel échange de télégrammes s'est fait, depuis, entre les soldats du premier régiment de France et les cadets de Sophia. Son Altesse alla voir les régiments de cavalerie de Vincennes. Il inspecta le casernement, les magasins, les réfectoires ; il assista à des exercices. Enfin, avant de quitter le quartier, il fit remettre au colonel cinq cents francs pour les ordinaires des escadrons : « Vos beaux dragons, dit-il au colonel, voudront bien boire à ma santé, à ma jeune armée et à notre France ».

Ces propos, connus du public, contribuèrent pour une large part à rendre le Prince sympathique.

La note caractéristique et vraiment rare de la réception française, il faut bien le reconnaître, fut la faveur populaire et l'unanime enthousiasme de la presse. En faisant remettre le grand cordon de la Légion d'Honneur au Prince Ferdinand, M. Félix Faure, ne se trouva pas seulement être conforme aux règles du protocole ; il traduisit les sentiments et les désirs de tous les Parisiens et de tous les Français. A son départ, comme à son arrivée, le Prince fut acclamé par la foule. C'est au milieu des plus bruyantes ovations qu'Il quitta Paris, le mercredi 17/29 avril, à 6 heures 30 du soir.

A BERLIN

Il arriva à Berlin le lendemain jeudi 18/30, à 5 heures de l'après-midi. Il fut reçu par le commandant de la place, le préfet de police, les membres de l'ambassade ottomane, de nombreux généraux et de hauts fonctionnaires de l'Etat et de la Cour. Après un court repos au Palais Impérial, S. A. R. le Prince se rendit à Potsdam, où il fut admis auprès de S. M. l'Empereur et de S. M. l'Impératrice. Le soir même, il y eut au château un grand dîner de gala, en son honneur.

Le lendemain, vendredi, il assista, a côté des souverains, à l'ouverture de l'Exposition industrielle, dont il devait encore inaugurer la section artistique, deux jours après. Entre temps il avait visité les nouveaux bataillons du 1er régiment de la garde à Potsdam. Il avait assisté à un grand dîner offert à l'ambassade de Turquie, à un déjeuner au Château, et enfin, le dimanche, à un dîner de gala offert par S. E. le chancelier de l'Empire, prince de Hohenlohe. Le soir même, il quittait Berlin, après avoir reçu de S. M. l'Empereur Guillaume le collier de l'Aigle Rouge. La population berlinoise et la colonie bulgare lui avaient prodigué leurs plus chaleureuses acclamations.

DE BERLIN A SOPHIA

Après un court passage à Cobourg, où il arriva le lundi matin 22/4 Mai pour en repartir le soir même, S. A. R. le Prince fit une halte à Munich, le mardi, visita Tegensee, avec Son Auguste mère, traversa Vienne, pendant la nuit du 24/6 au 25/7, dans le plus strict incognito, et entra, le jeudi 27/7, à sept heures du soir, en gare de Belgrade.

La réception qui lui fut faite dans la capitale serbe est sans contredit l'une des plus touchantes et des plus significatives de toutes

celles qui l'avaient salué depuis son départ de Sophia. La gare de
Belgrade était luxueusement décorée de drapeaux serbes et bulgares. S. M. le roi Alexandre s'était rendu en personne à la gare, où
se trouvaient aussi LL. EE. les ministres, tous les généraux et
les représentants des puissances étrangères. Un bataillon, avec
drapeau et musique en tête, rendait les honneurs. Lorsque le
Prince parut, à l'entrée du train en gare, un formidable « hurrah »
s'éleva de la foule. C'étaient les Serbes et les Bulgares qui accla-
maient ensemble les souverains des deux royaumes désormais unis.

C'est au milieu des ovations les plus enthousiastes que
S. M. le Roi Alexandre et son royal hôte se rendirent au Palais.
Le soir, il y eut à la Cour un grand dîner de gala, auquel assistaient les personnages de la suite princière et les principaux
fonctionnaires militaires et civils de Serbie. S.M. le Roi Alexandre
porta la santé de S. M. I. le Sultan, puis de S. A. R. le Prince.
Il exprima le souhait que les liens d'amitié, qui unissaient en
ce jour les deux peuples frères, fussent éternels. S. A. le prince
répondit à ce toast, en exprimant les mêmes espérances. Serbes
et Bulgares n'avaient plus qu'un cœur et qu'une âme.

Le lendemain, vendredi, il y eut un déjeuner de gala donné
par S. E. le ministre de Turquie ; un nouveau dîner au Palais ;
une représentation de gala au théâtre, et le Prince repartit à
minuit, en route pour Sophia.

A SOPHIA

Le mercredi 23/25 Mars, à minuit 20, S. A. R. avait quitté sa
capitale. Il y rentra le samedi 27/9 Mai, à 11 heures 20, après un
voyage inoubliable qui marquait une ère nouvelle dans l'histoire de
la Bulgarie.

Ce que fut l'accueil fait au souverain, il est impossible de le
dire. Depuis trois jours la ville avait pris un air de fête. Depuis la

gare jusqu'au Palais, des mâts enguirlandés de feuillages et au sommet desquels flottaient allégrement les drapeaux bulgares, faisaient du parcours une sorte de Voie triomphale. Tous les dignitaires de l'Etat, tous les membres du corps diplomatique (fait nouveau, qui marquait bien les changements survenus), étaient réunis pour saluer le Prince Ferdinand à sa descente du train. Mais, malgré cette affluence de personnages officiels, ce fut vraiment et avant tout une fête populaire. Le peuple bulgare fit à son Prince un accueil digne de lui. Quand il descendit du train, suivi de LL. EE. M. Stoïlow et le colonel Petrow, et qu'il passa devant le front des troupes, saluant le drapeau, un seul cri sortit de toutes les poitrines. Il regagna le Palais entre une double haie de troupes, qui suffisaient à peine à contenir la foule avide de voir et d'applaudir.

Le retour à Sophia fut le digne couronnement d'un féérique voyage.

UN DERNIER MOT

En Février dernier, le Prince Ferdinand recevant une députation du Sobranié, qui venait lui porter ses félicitations pour le baptême du prince Boris, répondit au président Théodorov : « J'ai fait mon devoir envers la Bulgarie. » Et il demanda en échange non des ovations brillantes ou des hommages retentissants, mais le respect et la confiance silencieuse des cœurs. Les cœurs des Bulgares lui étaient acquis. Les acclamations qui l'ont partout salué depuis Constantinople, jusqu'à son retour à Sophia, prouvent que l'enthousiasme populaire va toujours par surcroît aux Princes qui l'ont mérité.

R. D.

www.ingramcontent.com/pod-product-compliance
Lightning Source LLC
LaVergne TN
LVHW022030080426
835513LV00009B/964